从汉字到大语文

主编：陈瑞

第二册

文化发展出版社
Cultural Development Press
中国·北京

目录

二十

茎干柔软的植物

cǎo

基本汉字中的第 20 个字

甲骨文　金文　篆书　隶书　楷书

“迟日江山丽，春风花草香”是杜甫《绝句》中的名句，其中的**草**是一个形声字，读作 cǎo。甲骨文的字形非常像两丛草破土而出的样子，金文和大篆都是用“茻（mǎng，众草）”来表示意义，用“早（ ）”来表示读音。小篆把“茻”简化为“艸（cǎo）”，隶书又变成了草字头“艹”。本来是“皁、皂”的本字，读作 zào，指皂角一类的植物。

后来草假借为花草树木的草，它的本字是“艸”，如花草、寸草不生。“草活一秋，人活一世”是一句俗语，说的是人生短暂，劝告人们要珍惜生命。“天苍苍，野茫茫，风吹草低见牛羊”（北朝民歌《敕勒歌》），生动地刻画了茫茫大草原的自然风光。“草长莺飞二月天，拂堤杨柳醉春烟”（清·高鼎《村居》），生动地描绘了春暖花开之际，诗人居住之地的美丽景色。“乱花渐欲迷人眼，浅草才能没马蹄”（唐·白居易《钱塘湖春行》），其中的“浅草”指的是初春时节刚刚发出嫩芽的小草。

后特指用作饲料或燃料的干草，如粮草、牧草、柴草。

古人认为，野草一点用处都没有，所以，凡是和草字有关的，都成了微不足道的东西。拦路抢劫的强盗被称为“草寇”；毫无价值的东西被称为“草芥”；形容一个人没有能力，可以称之为“草包”。

小儿垂钓

［唐］胡令能

蓬头稚子学垂纶，侧坐莓苔草映身。
路人借问遥招手，怕得鱼惊不应人。

【译文】一个头发乱蓬蓬的小孩子学着大人的样子在河边钓鱼，他侧坐在青草丛中，青草遮住了他的身子。过路的人向他问路，他远远地摇手不语，生怕鱼儿受惊不上钩而不敢回答路人。

词语园

草

dào cǎo
稻草 脱粒后的稻秆。

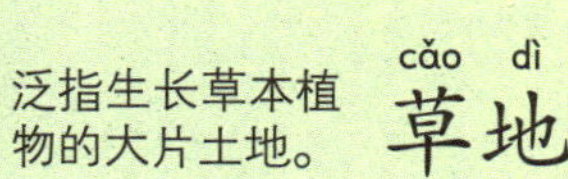

cǎo dì
草地 泛指生长草本植物的大片土地。

qīng cǎo
青草 绿色的草。

cǎo mù
草木 草本植物和木本植物。

yě cǎo
野草 没有用处的草本植物。

cǎo píng
草坪 平坦的草地。

zá cǎo
杂草 各种野草。

cǎo yuán
草原 生长着旱生或半旱生草本植物的大片土地，间或杂有耐旱的灌木。

汉字乐园 **与草有关的汉字**

卉 许多草（ ）在一起生长就是卉。

莽

一条犬（ ）落在草丛（ ）里面，就是莽。本义是藏在草丛中的犬突然出来。

葩

在草丛（ ）中盛开的花（ ），就是葩。本义是草木的花。

奔

人（ ）在草丛（ ）中快跑，就是奔。

菜

可以用手采（ ）的草（ ）或木（ ）。

 莫

太阳（ ）落在草丛（ ）里面，就是莫。

本义是日落的时候。

荐

独角怪兽（ ）吃的草（ ）就叫荐。

葬 你会玩吗

答案：把死人（ ）放在草丛（ ）中。

春（ ）天（ ）来（ ）到了，有的植物长高（ ）了，有的植物才（ ）发芽；羊（ ）儿在吃草（ ），马（ ）儿在奔跑，人（ ）儿在锄地，狗（ ）儿到处跑。

汉字画
植物才发芽

“草木皆兵”说的是东晋大将军谢石的故事。

公元383年，前秦皇帝苻（fú）坚率领90万兵马，南下攻打东晋。东晋任命谢石为大将，率领8万精兵迎战。谢石出奇兵偷袭了秦营，结果大胜。苻坚听到后不由得大惊失色，和苻融登上寿阳城头，亲自观察淝（féi）水对岸晋军的动静。当时正是寒冬时节，加上阴云密布，远远望去，淝水上空灰蒙蒙一片。仔细看去，只见那里桅杆林立，战船一只连着一只，晋兵持刀执戟，阵容非常齐整。接着，他又向北望去。那里横着八公山，山上有八座连绵起伏的峰峦。随着一阵西北风呼啸而过，山上晃动的草木，就像无数士兵在运动，看到这里，吓得苻坚面如土色，下令赶紧退兵。结果前秦士兵在后退时自相践踏，溃不成军，大败而归。

二十一

竹简编成的书信

cè

册

基本汉字中的第 21 个字

你知道古人把字写在什么地方吗？当然不是写在纸上，而是写在竹简上。他们把一块一块写好字的竹简用绳子串起来，就成了一册一册的图书。

册是一个象形字，读作 cè。甲骨文 [illegible]、金文 [illegible]、小篆 [illegible] 像把竹简编成书册的样子，上下贯穿的长短不一的几条线就像用来书写、记事的一根根竹简或木简，中间左右的两条连线就像两根把竹简串联成册的熟牛皮绳一样。本义指书简，如典册、简册。

古代的文书大多写在竹简上，后世的写在纸本上，所以册也可以用来指代簿籍，如书册、名册、画册。

册用作计算书本数量的单位，如人手一册、这套书有两册。

把〇中的字填上，并说一说加拼音词的意思。

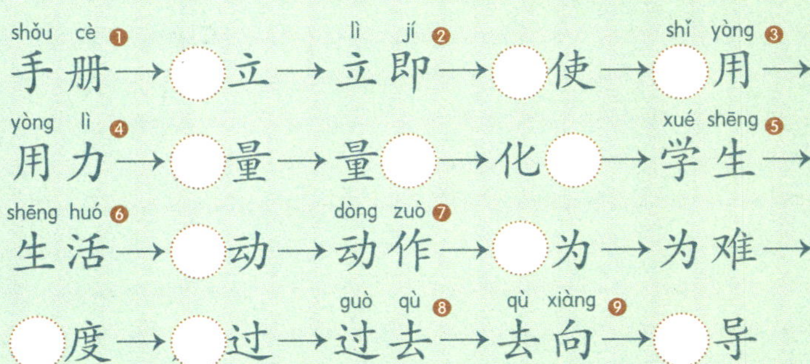

手册（shǒu cè）❶→〇立→立即（lì jí）❷→〇使→〇用（shǐ yòng）❸→

用力（yòng lì）❹→〇量→量〇→化〇→学生（xué shēng）❺→

生活（shēng huó）❻→〇动→动作（dòng zuò）❼→〇为→为难→

〇度→〇过→过去（guò qù）❽→去向（qù xiàng）❾→〇导

1. 介绍各种知识的参考书（多用于书名）。
2. 立刻；马上。
3. 使人员、器物、资金等为某种目的服务。
4. 用力气；使劲。
5. 在学校读书的人。
6. 过日子。
7. 指身体的活动。
8. 从说话人（或叙述的对象）所在地离开或经过。
9. 去的方向。

答案：册、即、使、力、化、学、活、作、难、度、向

左边一点红，右边一点红。
两边都不加点，就成汗青之简。

谜底：册

汉字乐园　与册有关的汉字

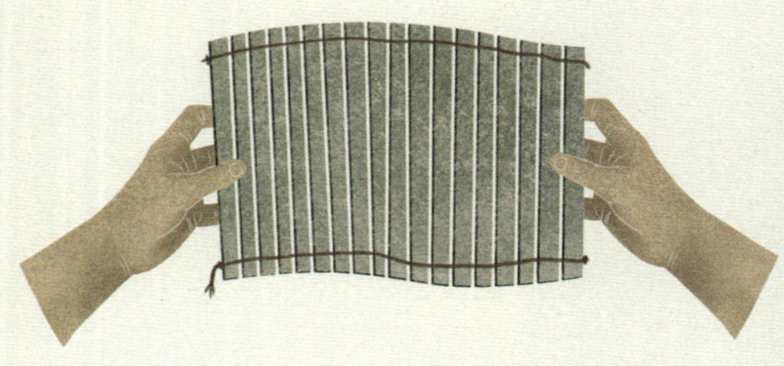

典

甲骨文上面是册（ ，表示经典古籍），下面是双手（ ，表示双手）的形状，意思是把经典古籍捧在手里。本义是重要的文献。

龠

甲骨文像把两根管乐器（ ）用绳子（ ，表示两头扎在一起的绳子）串在一起的样子，上部（ ）为两根管乐器的管口。本义是竹制的管乐器。

扁

由户（ ）和册（ ）组成，表示在门户上题字。本义是在门户上题字。

 侖

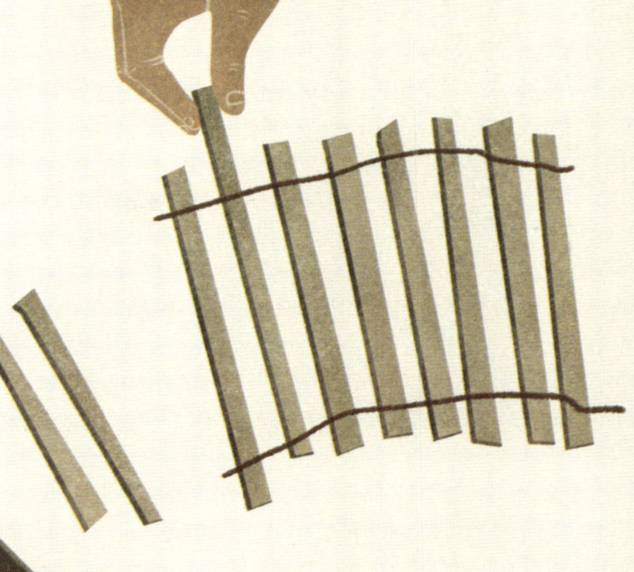

甲骨文由亼（ ，同“集”，表示集合）和册（ ，表示竹简）组成，表示集合竹简，编排次序。侖是“倫”的本字，本义是伦理、次序。

嗣

甲骨文由表示帝王的大（ ）、表示后代的子（ ），以及帝王对臣子封土受爵的文书册（ ）组成，意思是帝王册封继承人。本义是继承君位。

 栅

你会玩吗 

答案：栅，由木（ ）和册（ ）组成，像用木头或竹简扎成的阻挡人或动物的阻挡物。本义是栅栏。

士（）兵（）准备和敌人打（）仗。有个巫（）师在跳舞（），有个巫师用火（）烧龟（）甲占卜（）。他把神（）灵所指示的事情用刀（）刻在竹（）册（）上，然后用皮绳把竹册串（）起来，呈送给国（）君（）。

士

兵

打

巫

舞

火

龟

卜

串

国

“史册丹心”是一个成语，说的是南宋政治家文天祥的故事。

宋宝祐（yòu）四年（1256），文天祥考中状元，被封为信国公。文天祥生性豁达豪爽，家中衣食无忧。元兵南下入侵中原的时候，文天祥把家中财产全部变卖作为军费，支持抗元大业。后在五坡岭（今广东海丰北）兵败被俘，元军张弘范希望文天祥能够投降，同时让他写信劝降宋朝的其他将领。文天祥严词拒绝，作诗“惶恐滩头说惶恐，零丁洋里叹零丁。人生自古谁无死，留取丹心照汗青”以表明他的心志。元至元十九年（1282）十二月初九，文天祥在大都柴市（今北京交道口南大街）被杀。

后用“史册丹心”指宁死不屈的英雄气节。

二十二

间距大读作 cháng 年纪大读作 zhǎng

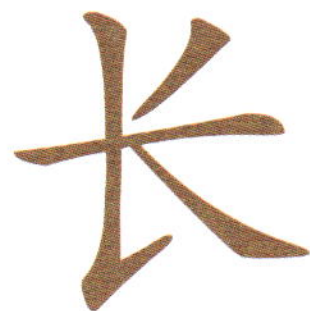

基本汉字中的第 22 个字

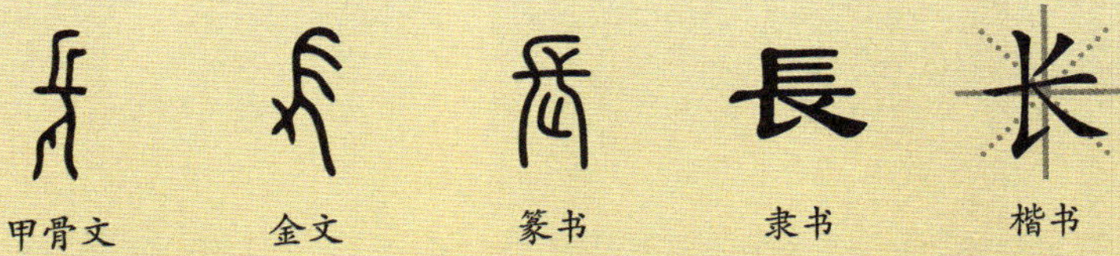

长是一个象形字，读作cháng。甲骨文、金文和小篆像一位长发飘飘、手拄拐杖的老人的形状，本义指人年长（zhǎng）发长（cháng）。由头发长可以引申指两点之间的距离大，如延长、伸长、长空。“大漠孤烟直，长河落日圆”（唐·王维《使至塞上》），描写了边塞壮阔雄奇的景象，其中的“长河”指的是大河。

后来长引申为用于空间的距离，指长度，如项羽身长八尺、“（光武）身长七尺三寸，美须眉”（《后汉书·光武帝纪上》）。还可以引申为远，如道路漫长。如果用于意义、情谊等方面，长可以指深远、深厚，如她的这番话意味深长。如果用于评价人的品质，长可以指优点，如他有他的长处。

出塞

［唐］王昌龄

秦时明月汉时关，万里长（cháng）征人未还。
但使龙城飞将在，不教胡马度阴山。

【作者】王昌龄，字少伯，盛唐边塞诗派的代表作家，诗风气势雄浑，格调高昂。他擅长写五言古诗、五言绝句和七言绝句，其中以七言绝句成就最高，被誉为“七绝圣手”。

【译文】天上这轮明月自秦汉以来，一直照耀着这座孤寂的关口，驻守在万里防线上的将士至今都没有返回故乡。倘若镇守龙城的飞将军李广如今还健在，绝不会让胡人的兵马越过阴山。

【鉴赏】这是一首著名的边塞诗，通过写景、叙事反映了诗人对深受战争苦难折磨的人民的同情，表达了诗人希望朝廷能重用良将、早日平息边境战乱、使民众安居乐业的爱国之情。首句言简意赅（gāi），耐人寻味，暗示了从秦汉以来，边境的战争就没有停息过，突出了时间的久远。次句从距离上讲，边关和故乡相隔万里，突出了空间的遥远。“人未还”既表明有无数的战士献身边关，又表明现在仍有无数士兵驻守在这里不能回乡团圆，表现出诗人对戍守边关战士的敬仰之情。第三句，诗人希望朝廷能够选用像飞将军李广一样的良将镇守边关，让敌人的军队无法度过阴山。最后一句是诗人发自内心的愿望，坚定的誓言中洋溢着浓烈的保家卫国的激情。

博士喵
赏古诗

不论是人还是动物，他们的身长（cháng）都是不断生长（zhǎng）的结果，所以长也有成长、生长的意思，这个意义当动词用，读作zhǎng，如万物生长靠太阳。

村居

［清］高鼎

草长（zhǎng）莺飞二月天，拂堤杨柳醉春烟。
儿童散学归来早，忙趁东风放纸鸢（yuān）。

【作者】高鼎，字象一，仁和（今浙江杭州）人，清代诗人。他的诗擅长描绘自然景物，这首《村居》正体现了其诗的特点。

【译文】早春二月，青青的嫩草破土而出，黄莺飞来飞去，杨柳的枝条随风摇摆拂过堤岸，仿佛沉醉在如烟的春色中。儿童放学之后早早地回到家中，匆匆忙忙地跑了出去，趁着大好的东风放飞风筝。

【鉴赏】这是诗人晚年生活在乡村时所创作的一首七言绝句。诗人用简洁的语言，形象地描绘了春天乡村郊外大自然的美好景象，描写了一群活泼可爱的儿童放风筝的情景，展现了儿童活泼天真的形象。前两句写春天明媚、迷人的自然风光：早春二月，小草从泥土中露出嫩芽，莺飞燕舞，生机无限；河岸边的柳树柔软细嫩的枝条，随着微风摇荡，仿佛是在如烟的春色里沉醉了一样。这两句展现了春回大地、万物复苏的景象。后两句描述了一群活泼的孩子们早早放学回来，匆忙放下书包，赶紧趁着东风放起了风筝。儿童使整个春天显得更加生机勃勃，给人以美好的希望。

博士喵
赏古诗

长又可以用作副词，指常常、经常，如“长恨春归无觅处，不知转入此中来”（唐·白居易《大林寺桃花》）中的“长恨”就是经常感到遗憾之意。“茅檐长扫净无苔，花木成畦手自栽”（宋·王安石《书湖阴先生壁》），说到了主人经常打扫茅屋周围，使得茅屋周遭干干净净，没有一点苔藓（xiǎn）。

你知道吗？“长话短说”“取长补短”“日久天长”“天长地久”这几个成语非常有意思，前两个成语中的“长”和“短”是一对反义词；后两个成语中的“久”和“长”是一对同义词。这样的成语你能找出来几个吗？

长竹长（zhǎng）

长竹长（zhǎng），我也长（zhǎng），
长竹比我还要长。
长竹长（zhǎng），我也长（zhǎng），
我和长竹一起长（zhǎng）。
我长（zhǎng）想比长竹长（zhǎng），
长竹长（zhǎng）得比我长。
望着长竹长（zhǎng），
气得我大哭一场。

训练目的：韵母 ang

词语园

长

chánɡ chénɡ
长城
我国古代伟大的军事性防御工程。

chánɡ chù
长处
特长；优点。

zhǎnɡ bèi
长辈
辈分高的人。

tè chánɡ
特长
特别擅长的技能或特有的工作经验。

bān zhǎnɡ
班长
所在集体或团队中的负责人。

chénɡ zhǎnɡ
成长
向成熟的阶段发展。

xiào zhǎnɡ
校长
中小学校的领导者。

chuán zhǎnɡ
船长
轮船上的总负责人。

duì zhǎnɡ
队长
一支队伍中的主要负责人。

jiā zhǎnɡ
家长
一个家庭中为首的人。

shēnɡ zhǎnɡ
生长
出生和成长。

chánɡ tú
长途
路程遥远的。

chánɡ shòu
长寿
寿命长。

chánɡ nián
长年
一年到头，整年。

zhǎnɡ xiànɡ
长相
相貌。

chánɡ jiǔ
长久
时间很长。

chánɡ zhēnɡ
长征
指中国工农红军进行的二万五千里长征。

chánɡ qī
长期
时间长的，期限长的。

chánɡ duǎn
长短
长短的程度。

博士喵
讲故事

“揠（yà）苗助长”是一则寓言故事。

从前，宋国有一个农夫，嫌自己田里的秧苗长得太慢，于是便自作聪明地想出一个办法来。他跑到田里，把每棵秧苗都拔高了一点，这样秧苗看起来就长高了。

傍晚时分，农夫好不容易把所有的秧苗都拔高后，才心满意足地回到家，对家人说："今天可累死我了，不过秧苗都在我的辛苦下长高了。"他儿子赶紧跑到田里，发现秧苗全都枯萎了。

这则寓言告诉人们，如果违背了事物的发展规律，急于求成就会适得其反。

二十三

字像山崖读作 hǎn
开放建筑读作 chǎng

基本汉字中的第 22 个字

厂读作 chǎng，繁体写作廠 。甲骨文 像山崖向外突出的部分，下面可以住人，本义指山崖，读作 hǎn。后成为“廠 ”的简化字，指空间宽敞的开放式建筑，如工厂、造纸厂、新建厂房。“架北墙为厂”（北魏·贾思勰《齐民要术》），说的是在北面的墙上搭建了一个简易的房屋。

厂引申指宽敞的可以存放货物并且能够进行加工的场所，如煤厂。“广南商贩到，盐厂雪盈堆”（明·曹学佺《桂林风谣二首》其一），说的是广南贩盐的商贩来到桂林时，盐厂的盐堆积得就像雪堆一样多。

辛厂长和申厂长

辛厂长，申厂长，

同乡不同行（háng）。

辛厂长天天讲生产，

申厂长常常讲思想。

辛厂长一心想革新厂，

申厂长总想为职工加薪饷。

训练目的：韵母 ang

歷 历

金文表示人（止，脚趾代表人）在山崖（厂）前面种了一行行庄稼（秝）。本义是经过。

原

金文表示在山崖（厂）旁边有一股泉水（泉）流出。本义是源泉。

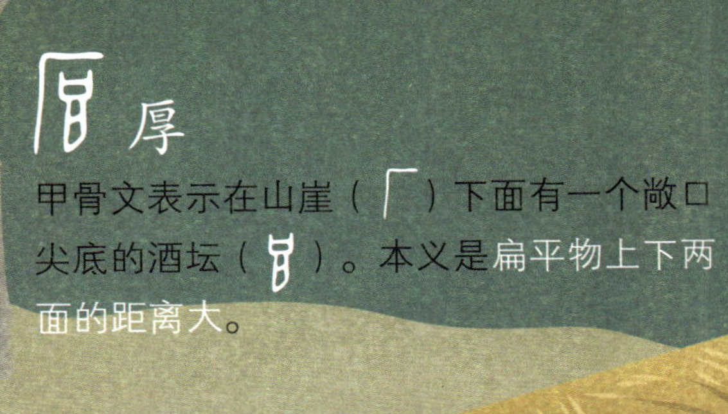

厚

甲骨文表示在山崖（厂）下面有一个敞口尖底的酒坛（ ）。本义是扁平物上下两面的距离大。

厩

金文像一个人（ ）在棚子（厂）里整理盛食物的器皿（ ）。意思是马棚。

仄　你会玩吗？

答案：小篆像一个人（仄）在狭窄的山崖（厂）下面。表示狭窄。

把○中的字填上，并说一说加拼音词的意思。

工厂(gōng chǎng)①→○商(chǎng shāng)②→商品(shāng pǐn)③→○评→○论(píng lùn)④→
○点→点名(diǎn míng)⑤→○称(míng chēng)⑥→称○(chēng hu)⑦→呼叫(hū jiào)⑧→
○阵→阵○→地位(dì wèi)⑨→○置→置○→
办理(bàn lǐ)⑩→理解(lǐ jiě)⑪→○放→放心(fàng xīn)⑫→○理

① 直接进行工业生产活动的单位，通常包括多个车间。
② 工厂和商店或商人。
③ 泛指市场上出售的物品。
④ 批评或议论。
⑤ 查点人员数目时一个个地叫名字。
⑥ 事物的名字（也用于人的集体）。
⑦ 叫。
⑧ 呼喊；叫喊。
⑨ 人或团体在社会关系中所处的位置。
⑩ 处理（事务）。
⑪ 明白；了解（含义、事理等）。
⑫ 心情安定，没有忧虑和牵挂。

答案：厂、品、评、论、名、呼、叫、地、位、办、解、心

二十四

叫嚷不停真烦人

chǎo/chāo

基本汉字中的第 24 个字

篆书　隶书　楷书

吵读作 chǎo。吵是形声字，用“口”表示意义，用“少”表示读音，本义为叫嚷、喧嚷，如吵嚷、吵闹。引申指打嘴仗，如吵嘴、她与妈妈又吵了一架。

吵也可以引申指乱说话、乱嚷嚷，这个意思读作 chāo，如同学们上课不要吵吵。

把○中的字填上，并说一说加拼音词的意思。

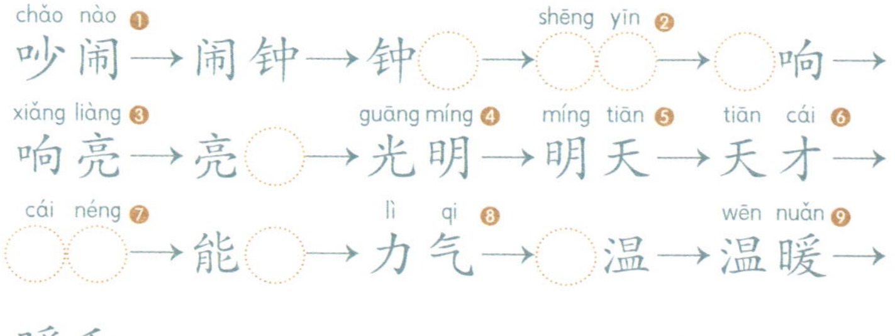

1 大声争吵。

2 由物体振动而发生的波通过听觉所产生的印象。

3 （声音）宏大。

4 亮光。比喻正义的或有希望的。

5 今天的下一天。不远的将来。

6 有卓绝的创造力、想象力的人。

7 知识和能力。

8 肌肉产生的效能。

9 暖和。

答案：声、声、音、音、光、才、能、力、气

博士喵讲故事

据说很久很久以前，一个大户人家买了一批瓷瓦和一个瓷瓶。他叫仆人把瓷瓦盖在屋顶上，把瓷瓶摆在客厅里。

到了晚上，瓷瓶不服气地对瓷瓦说：“我不仅比你漂亮，而且也比你大，凭什么你就高高在上，耀武扬威？”

瓷瓦轻声细语地说：“别难过，每个物品都有自己的位置。”

瓷瓶一听生气了，气哼哼地说：“你在上面看蓝天，赏白云，当然不会难过的！”

瓷瓦不紧不慢地说：“可我也经历着风霜雨雪呀。”

瓷瓶还在狡辩，说：“你这是一手遮天！”

瓷瓦耐心地解释：“我是为你遮风挡雨。”

瓷瓶生气地怼（duì）瓷瓦：“别自作多情了，我，不需要！”

瓷瓦不再争辩。

有一天，刮起了十级狂风，瓷瓦被掀翻在地。

瓷瓶高兴得手舞足蹈：“哈哈哈！我终于能够见到天日啦！”

狂风过后又是暴雨。漏下来的雨水把瓷瓶变成了一个大水瓮（wèng）。

主人叫仆人把瓷瓶里的水抬出去倒掉。笨手笨脚的仆人不小心把瓷瓶摔碎了。

从此以后，瓷瓶变成了一堆无用的垃圾。

二十五

交通工具陆上跑

chē

车

基本汉字中的第 25 个字

一到周末，小朋友就会和爸爸妈妈一起，开着家里的小汽车去郊游。

小汽车中的车是一个象形字，读作 chē，繁体写作車。甲骨文的像一辆车子的形状，有车轮、车厢、车辕（yuán）、车轭（è）和衡木，本义为车子，陆地上最重要的交通运输工具，如车水马龙。“车同轨，书同文”是秦始皇统一六国后施行的政策。“单车欲问边，属国过居延”（唐·王维《使至塞上》），“向晚意不适，驱车登古原”（唐·李商隐《乐游原》），其中的“车”用的就是本义车子。

山　行

[唐] 杜牧

远上寒山石径斜，白云生处有人家。

停车坐爱枫林晚，霜叶红于二月花。

【作者】杜牧，字牧之，晚唐杰出诗人。他写有不少感慨时事、抒写性情的好诗。在诗作中，他关怀国家人民的命运，指责统治者的荒淫无度。后人称他为“小杜”，以别于杜甫。

【译文】我沿着蜿蜒曲折的石路登上深秋的大山，可以看到云雾缭绕的地方住着人家。我停下车来是因为喜欢这深秋的枫林晚景，经过风霜洗礼过的枫叶比二月的花还要红艳。

【鉴赏】《山行》描绘了一幅深秋山林图。山间小路、白云、农家、枫树、红叶，构成了一幅结构清晰、色彩鲜明的画面。诗人寓情于景，情景交融，表现了诗人对深秋山林景色由衷的喜爱和赞美之情。前两句写一条曲折的山路通向大山深处，在那深山里面白云升起的地方住着几户人家。“远”写出了山路的长，“寒”点明了时间已经到了深秋，“斜”表明山路是随着山势往上走的。这短短十四个字，按照由下而上的顺序，依次展现了山路、白云、人家，构成了一幅秋山风景图。后两句从写景变成写人，由写人再回到写景。诗人停下车来只是因为喜爱枫林的晚景。接着诗人对景色进行了描述：霜打过的枫叶，比早春的花朵还要鲜艳。虽然是深秋，但是这一片红色，让诗人看到了秋天像春天一样所展示出来的勃勃生机，体现了诗人积极向上的乐观主义精神。

博士喵
赏古诗

古代的车，除了用于运输和载人以外，还可以用在战争中，特指战车，如车二百辆。“操吴戈兮被犀甲，车错毂（gǔ）兮短兵接”（先秦·屈原《九歌·国殇》），“车辚（lín）辚，马萧萧，行人弓箭各在腰”（唐·杜甫《兵车行》），以上诗句中的“车”指的都是战车。

随着时代的进步，车用来泛指陆地上有轮子的交通工具，如马车、自行车、摩托车、汽车、火车、动车。

什么是“闭门造车”？

“闭门造车”是一个成语，下一句是“出门合辙”，说的是关起门来制作的车子，出门使用的时候，却能够与“车辙”完全合在一起。“闭门造车”本来是一个褒义成语。在使用的过程中，慢慢地变成了一个贬义成语，用来讽刺那些“闭门造车，出门不能合辙”的脱离实际的人。

碰碰车

碰碰车，车碰碰，坐着朋朋和平平，

平平开车碰朋朋，朋朋开车碰平平，

不知是朋朋碰平平，还是平平碰朋朋。

训练目的：韵母 eng ing

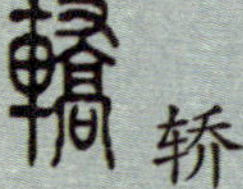

轿

篆书像人（ ，用手指代人）抬着车子（ ）向高处（ ）走。本义是由人抬着的交通工具。

轨

金文像车子（ ）在道路（ ，指代弯弯曲曲的道路）上奔跑。本义是车子两轮之间的距离。

转

金文表示手（ ）拿着纺锤（ ），像车（ ）轮那样不停地转动。本义是转动。

军

金文像环绕在车子（ ）周围的营垒（ ）。本义是军队。

辇

金文的形体是左右两个车夫（ ）拉着一辆车子（ ）的车辕（ ）向前走。本义是人拉着走的车子。

與 你会玩吗？

答案：甲骨文像四只手（ ）抬着一件东（ ）西。本义是车舆。

“安步当车”是一个成语故事。

颜斶（chù）是战国时期著名的谋士，齐宣王厚待他，保证饮食有肉吃，出门有车乘，妻子儿女个个衣着华丽。颜斶却婉言谢绝，向齐宣王表明自己的志向，说：“玉，原产于山中，一经匠人加工，原貌就会遭到破坏，虽然宝贵，但毕竟失去了本来的面貌。生在穷乡僻壤的人，如果得到大王您的重用，就会享有名位利禄，但却改变了他本来的性情，无法让他保持本心的纯真。所以，我情愿大王让我回去，过着平淡从容的生活。每天晚一点吃饭，就会像吃肉那样香；安稳徐缓地走路，当作乘车一样舒适；平安度日，清静无为，纯正自守，乐在其中。”

“安步当车”意思是把不慌不忙地步行当作是乘车。

二十六

手持兵戈去实现

chéng

成

基本汉字中的第 26 个字

甲骨文　金文　篆书　隶书　楷书

成读作 chéng。甲骨文由“戊”和“丁”两部分组成，像用斧头劈开物体的形状，本义是斩物发誓结盟，表示服劳役的人扛着斧头一类的兵器结束了征战，引申指完成、实现，如成功、成就辉煌。“成大事者不拘小节”是一句俗语，说的是要想干成大事，就不要拘泥于细枝末节。“碧玉妆成一树高，万条垂下柳丝绦”（唐·贺知章《咏柳》），形象地描写了春天杨柳飘拂的美景，其中“成”当完成讲。

古朗月行

［唐］李白

小时不识月，呼作白玉盘。又疑瑶台镜，飞在青云端。

仙人垂两足，桂树何团团。白兔捣药**成**，问言与谁餐。

【译文】小时候不认识月亮，把它称作白玉盘。又怀疑是仙人的镜子，飞挂在高高的天空中。在晚上欣赏月亮，仿佛可以看见仙人垂着两只脚，紧接着一棵高大粗壮的桂树出现了。月宫中的玉兔辛辛苦苦捣成的药，请问要给谁吃呢？

成还可以引申为成为、变为，如成仙、弄假成真。“汉家李将军，三代将门子。结发（fà）有奇策，少年成壮士”（唐·王维《李陵吟》），诗人高度赞扬了李陵作为三代将门之后，从小就有过人的军事才能。“春蚕到死丝方尽，蜡炬成灰泪始干”（唐·李商隐《无题》），“采得百花成蜜后，为谁辛苦为谁甜”（唐·罗隐《蜂》），“横看成岭侧成峰，远近高低各不同”（宋·苏轼《题西林壁》），“成龙者升天，成蛇者撺草”（宋·释祖钦《偈颂一百二十三首》其八十七），以上诗句中的“成”当成为、变为讲。

一字只有六画，有言不说谎话。
有皿不会枯萎，有土不是乡下。

谜底：成

chéng qiān shàng wàn
成千上万
形容数量非常大。

chéng qún jié duì
成群结队
人们结成一个群体进行活动。形容人多。

chū kǒu chéng zhāng
出口成章
话说出口就成文章。

成语园

dà gōng gào chéng
大功告成
指巨大的工程或事业宣告成功。

成

mǎ dào chéng gōng
马到成功
形容迅速取胜。

dī shuǐ chéng bīng
滴水成冰
滴下的水立刻就结成了冰。形容天气十分寒冷。

sān wǔ chéng qún
三五成群
指人三个五个地聚集起来。

guò mù chéng sòng
过目成诵
用双眼一看就能背诵出来。

yí shì wú chéng
一事无成
一件事也没有办成。

wàng zǐ chéng lóng
望子成龙
盼望子女能成为出类拔萃的杰出人物。

“成事”是一个词语故事。说的是春秋战国时期的事情。

陶朱公的二儿子在楚国杀了人，被楚王关进了监狱。陶朱公准备让小儿子带着一千两黄金去救二儿子。可是他的大儿子却以死相逼，要求办这件事。陶朱公只好让大儿子去楚国找庄先生，千叮咛万嘱咐，要他“成事后什么都不要过问”。

大儿子来到庄先生家，把信件和黄金留了下来。庄先生让他回去等消息。结果，陶朱公的大儿子并没有回去。

庄先生以楚国将要发生灾难为由，请求楚王大赦天下。没多久，大儿子听到特赦令后，再次来到庄先生家，要求庄先生把黄金退还给他。庄先生二话没说，就把黄金退了。

随后，庄先生急急忙忙拜见楚王，说：“现在外面谣言四起，说陶朱公的儿子杀了人，有人贿赂了大王，因此大王才大赦天下。”楚王听后咆哮道：“马上把陶朱公的儿子处死！”

“成事”指把事情办成功。

二十七

说话结巴不流利
咀嚼食物咽下去

chī

吃

基本汉字中的第 27 个字

甲骨文　　篆书　　隶书　　楷书

楷书

吃读作 chī。吃是形声字，古文和小篆用“口”表示意义，用“气（或乞）”表示声音。本义是说话结巴不流利，如口吃。引申为行动迟缓、费劲，如吃力、吃劲。

吃后来成为同音字“喫”的简化字，是吃、喝东西的意思，如吃饭、吃酒。“异乡身健百不忧，有钱但知沽酒吃”（宋·张耒《雪中狂言五首》其一），说的是诗人虽然身在他乡，但是身康体健，只要有钱就可以喝酒吃菜。

在战场上或下棋时打败对方也可以用“吃”，如我军吃掉了敌人一个团。后比喻经受、遭受之意，如吃亏、吃惊。“吃一堑，长一智”是一句俗语，意思是说经受过一次挫折，就能够得到一次教训，增长一分才智，下次就不会再犯同样的错误。

成语园

吃

dà chī dà hē
大吃大喝
形容吃喝极其铺张。

chī lǐ pá wài
吃里扒外
原指动物吃洞里的，还往洞外扒拉东西。后比喻人受一方好处，却不为其做事，暗地里为另一方尽力。

dà chī yì jīng
大吃一惊
形容非常吃惊。

shěng chī jiǎn yòng
省吃俭用
形容生活节俭简朴。

zì tǎo kǔ chī
自讨苦吃
自己找苦吃。比喻自找麻烦。

zhēng fēng chī cù
争风吃醋
多指因追求同一异性而相互忌妒争斗。

hào chī lǎn zuò
好吃懒做
喜欢吃而懒得做。形容只图享受，凡事不愿自己动手。

zuò chī shān kōng
坐吃山空
只消费，不生产，即使是一座金山也会被消耗光。

中国人过年要吃年糕，年糕寓意“年年高升”。据说这个习俗与吴国大夫伍子胥（xū）有关。

伍子胥是春秋时期吴国著名的军事家。吴王夫差（chāi）听信谗（chán）言，杀了伍子胥。伍子胥临死前，对亲信说：“我死以后，如果国家遭难，百姓闹饥荒，你们可以把城墙向下挖三尺，到那里找吃的。”果不其然，越国围攻吴国，吴国城中断粮。伍子胥的亲信按照伍子胥的话去做，在城墙下挖到了许多可以用来充饥的、用糯米做成的“城砖”，这些“城砖”原来是伍子胥活着的时候埋在城墙下面的。后来人们把这种“城砖”称为“年糕”。每逢春节，他们都要制作年糕，用来纪念救命的伍子胥。

二十八

十寸长度就是尺

chǐ

尺

基本汉字中的第 28 个字

尺读作 chǐ。小篆 由“尸”和“乙”两部分组成。小篆的 （尸）像人卧着的样子，小篆的乙是一个指事符号，指十寸。本义为尺子，一种测量长度的工具，如卷尺、尺短寸长。“寒衣处处催刀尺，白帝城高急暮砧”（唐·杜甫《秋兴八首》其一）里的“刀尺”指的是缝制衣服的剪刀和尺子。

尺后来指一些绘图的用具，如曲尺、放大尺、丁字尺。引申指像尺子一样的条形物，如戒尺、镇尺。

博士喵

敲黑板

表示长度单位的还有寸（ ，指距离手腕一寸长的部位）、咫（ ，相当于中等身材的妇女的手长。周代指八寸，合现在市尺六寸二分二厘）、仞（ ，相当于一人的身高。周代的八尺或七尺。周代的一尺约合二十三厘米）、寻（ ，相当于成年人伸开两臂的长度。周代的八尺），它们和尺一样，都是用人体作为标准的。

尺还可以用作量词，是一种长度单位，现在的1尺为10寸，如一尺布。“桃花潭水深千尺，不及汪伦送我情”（唐·李白《赠汪伦》）中的“深千尺”是一种夸张的说法，以便引出下句汪伦对李白的深情厚谊。

风

［唐］李峤（qiáo）

解落三秋叶，能开二月花。

过江千尺浪，入竹万竿斜。

【译文】风能够让秋天的树叶凋零，也能够催开初春的花儿。风吹过大江时能够掀起千尺巨浪，风吹入竹林时能够让万根竹子倾斜低头。

博士喵赏古诗

【主题】这是一首描写风的诗，全诗中却没有出现一个“风”字。诗人通过对两个不同季节和两个不同场景的描写，使读者感受到了风的力量。看不见、摸不到的风在诗人的笔下，变得形象生动起来。

有关“尺短寸长”的故事非常多。

很久很久以前，一只小羊和一头高大的骆驼相遇了，它俩的肚子都非常饿。旁边有一棵非常高大的树，骆驼抬起头来，很容易就吃到树上的树叶。小羊怎么跳都够不着树上的叶子。

有一天，骆驼和小羊又相遇了，它们的肚子又非常饿。旁边的木栏里有许多又鲜又嫩的小草，小羊从木栏里很容易钻过去，吃到肥嫩的小草。骆驼再怎么努力也没有办法钻过去。

二十九

弯弯曲曲像条蛇

chóng

基本汉字中的第 29 个字

甲骨文

金文

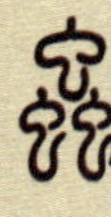

篆书

隶书

楷书

虫是一个象形字，繁体写作蟲。甲骨文像一条游动的蛇的样子，本义为毒蛇，读作 huǐ，后来这个意义写作“虺”。虫作为“蟲”的简化字，指昆虫，如米虫、肉腐虫生。“霜草苍苍虫切切，村南村北行人绝”（唐·白居易《村夜》）形象地描绘了乡村秋夜人烟寂静、虫儿鸣叫的景象。

月夜

［唐］刘方平

更深月色半人家，北斗阑干南斗斜。

今夜偏知春气暖，虫声新透绿窗纱。

【译文】夜静更深，朦胧的斜月洒下点点清辉，映照着家家户户。夜空中，北斗星和南斗星都已横斜。今夜出乎意料地感觉到了初春暖意，还听得春虫叫声穿透绿色窗纱。

虫泛指一切动物，有的地方把蛇叫作长虫，把老虎称作大虫。有时候也可以用作对某一类人的称呼，如网虫、糊涂虫、跟屁虫。

把○中的字填上，并说一说加拼音词的意思。

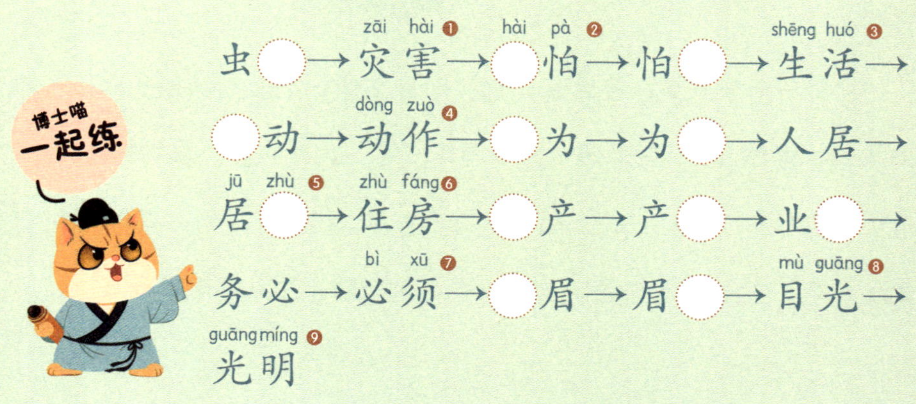

❶ 旱、涝、虫、雹、战争等所造成的祸害。
❷ 感到胆怯、不安或发慌。
❸ 人或生物为了生存和发展而进行的各种活动。
❹ 指身体的活动。
❺ 较长时期地住在一个地方。
❻ 供人居住的房屋。
❼ 表示事理上和情理上的必要；一定要。
❽ 指视线。也指眼睛的神采。
❾ 亮光。也比喻正义的或有希望的。

答案：灾、害、生、活、作、人、住、房、业、务、须、目

博士喵
讲故事

“夏虫语冰”这个成语来源于《庄子·秋水》。

《庄子》是一本非常浪漫的书，作者运用丰富的想象和变幻莫测的寓言故事，深入浅出地讲述了一个个深奥的道理。在《秋水》这篇文章中，作者通过浅显易懂的语言，讲述了人们怎样才能认识外在事物的道理。其中有“井蛙不可以语于海者，拘于虚也；夏虫不可以语于冰者，笃于时也”的名言。意思是说，不要和青蛙谈论大海，因为大海对于青蛙来说太虚幻了；不要和夏天的虫子谈论冰块，因为夏天的虫子受到时令的限制，冰块对于它们来说是不可想象的。

后来，人们就用“夏虫语冰”比喻人见识短浅。

汉字乐园　与虫有关的汉字

蚤

篆书像人发痒、忍不住用手（ ）去捉虫子（ ）。本义是跳蚤。

蜀

篆书像长有大眼睛（ ）的虫子（ ）。本义是蚕一类的幼虫。

蛊

甲骨文像在盒子（ ）里培养的虫子（ ）。本义是有毒的虫子。

虹 篆书像工（ ）的一条长虫（ ）。本义是彩虹。

禹

金文像用一条棍子（ ）打毒蛇（ ）。本义是用木棍打蛇。

强 你会玩吗？

答案：小篆像手持弓箭（ ）射杀大虫（ ）。本义是一种虫子。

三十

人从洞穴走到外

chū

基本汉字中的第 30 个字

出读作 chū。有的甲骨文 、 和金文 像一只脚（ 或 ）从地穴（ 或 ，读 kǎn）里走出来的形状。远古时期北方的先民居住在地穴里，“出”字形象地反映了他们当时的居住状况。后来，为了更加形象，有的甲骨文和金文增加了与走路有关的偏旁“彳” 或“行” ，这样一来， 、 就变成了形声字。篆书 、 保留了“出”的简体写法，隶书把“止”（ 或 ）变成了“中”，失去了表示意义的作用。

出的本义是从里面到外面，如出入、进出、出笼的鸟收不回。“出洞的老鼠——东张西望”是一条歇后语，刚走出洞穴的老鼠为什么要东张西望呢？为了观察洞穴周围是否安全。

咏 柳

［唐］贺知章

碧玉妆成一树高，万条垂下绿丝绦。
不知细叶谁裁出，二月春风似剪刀。

【作者】贺知章，字季真，越州永兴人（今浙江杭州萧山区），唐代著名诗人、书法家。他为人旷达，喜欢饮酒，被杜甫称为“饮中八仙”之一。《咏柳》《回乡偶书》是他的传世名作。

【译文】高高的柳树好像是用碧玉装扮成的，无数垂下来的柳条仿佛是用丝编织而成的带子。不知道这细细的柳叶是谁裁剪出来的，原来是二月那灵巧如剪刀的春风。

【鉴赏】这是一首咏物诗。诗人别出心裁，运用比喻的修辞手法，把柳树比喻成一位经过梳妆打扮的美丽女子，把垂下的柳条比喻成美女裙子上垂下来的绿色丝带，又把春风比喻成剪刀，描写春风带来了春天的美景，表达了诗人对春天的喜爱之情。

一、二两句，首先从整体上描写柳树的美妙姿态就像一位美丽的女子。接着写细节，柳树垂下的柔软柳条随着春风摇摆，就像她裙摆上的丝带。“碧玉”既体现了女子的年轻貌美，又体现了柳树长出绿叶的蓬勃生机。

三、四两句，是诗人用设问的方式自问自答，歌颂大自然的伟大。先写柳树，再写柳条，接着写柳叶。细嫩碧绿的柳叶是谁裁剪出来的呢？诗人把春风比作剪刀，体现了春风的神奇和灵巧，既通俗易懂又形象生动。春风裁出的不仅仅是柳枝的细叶，还给整个大自然都披上新装，带来了万紫千红的春天。

博士喵
赏古诗

博士喵
敲黑板

有些地方有“出份子”的习俗，就是办理红白喜事时大伙合起来送礼，人人都拿出相同数额的钱财，这种分摊的钱财就叫作份子或者份子钱。

从“出”的本义可以引申为出现、显露，如出汗、日出东方。“日出江花红胜火，春来江水绿如蓝，能不忆江南？”（唐·白居易《忆江南》），用来描绘江南春天的美丽景色，表达了诗人对江南春天的喜爱、赞美之情。

说一说加拼音成语的意思。

出乎意料(chū hū yì liào)❶→料事如神→神通广大(shén tōng guǎng dà)❷→大吃一惊(dà chī yì jīng)❸→惊天动地→地大物博(dì dà wù bó)❹→博览群书(bó lǎn qún shū)❺→书不尽意→意气用事→事在人为→为民除害→害群之马(hài qún zhī mǎ)❻→马到成功(mǎ dào chéng gōng)❼→功不可没

❶ 形容没有想到。
❷ 指有十分高超的本领。
❸ 形容非常吃惊。
❹ 指国家的疆土辽阔，资源丰富。
❺ 广泛地阅览各种书籍。
❻ 危害马群的马。比喻危害集体的人。
❼ 战马一到阵前，即获成功。形容迅速取胜。

“出山”说的是东晋政治家谢安的故事。谢安不仅知识渊博，才能卓越，而且淡泊名利，长期隐居在会稽（kuài jī）的东山。朝廷多次派人请他出来做官，他都婉言谢绝。当时有个叫高菘（sōng）的人劝他说：“您一次次违背朝廷的旨意，躲在东山做隐士，您这样做，把黎民百姓置于何地，黎民百姓又会如何看您呢？”

谢安觉得高菘说得有道理，于是就答应出山做官。公元383年，前秦率领大军南下，准备攻打东晋。谢安派谢石、谢玄前去迎战，以少胜多，取得了“淝水之战”的胜利。

三十一

用牙咬出一孔洞

chuān

穿

基本汉字中的第 31 个字

篆书　隶书　楷书

“滴水穿石”中的**穿**是一个会意字，读作 chuān。由“牙”和“穴”两部分组成，表示用牙咬出一个孔洞，不过这里的牙，专门指老鼠的牙齿。本义是老鼠用牙咬破，这个意义现在已经不再使用了。

引申指挖掘、开凿，如穿墙打洞。也可以指用钻、刺、射等方法使成孔洞，如穿孔、贯穿。“黄沙百战穿金甲，不破楼兰终不还”（唐·王昌龄《从军行》）中的“穿”当刺穿讲。

乞巧

［唐］林杰

七夕今宵看碧霄，牵牛织女渡河桥。

家家乞巧望秋月，**穿**尽红丝几万条。

【译文】七夕的夜晚，人们望着碧蓝的天空，就好像看见隔着天河的牛郎、织女在鹊桥上相会。家家户户一边抬头观赏秋月，一边乞巧对月穿针引线，穿过的红线都有几万条了，数也数不清。

乞巧是中国古代的风俗，农历七月初一到初七之间，少女们穿着新衣，在院中向织女星乞求智慧和灵巧。最普遍的乞巧方式是对月穿针，如果线从针孔穿过，意味着乞巧成功。七月七日为七夕节，又称乞巧节。

后来又引申指通过，如穿行、穿过街道。“即从巴峡穿巫峡，便下襄阳向洛阳”（唐·杜甫《闻官军收河南河北》），生动地描绘了诗人听到唐军消灭叛军后欣喜若狂的心情，这里诗人用“穿”字生动地表现出舟行三峡、顺流疾驶的动态感。

把○中的字填上，并说一说加拼音词的意思。

❶ 穿过；连通。

❷ 从说话人（或叙述的对象）所在地离开或经过。

❸ 去的方向。

❹ 太阳发出的光。

❺ 亮光。比喻正义的或有希望的。

❻ 光线充足。

❼ 头微微向下一动。

❽ 率领并引导朝一定方向前进。

❾ 看着书本，出声地或不出声地读。

❿ 相信而敢于托付。

答案：穿、过、去、阳、光、亮、头、书、信、任

宋国有个姓丁的人家，他家没有水井，于是就请了个人，每天去很远的地方挑水吃。时间长了，姓丁的想，如果自己家打（穿）一口井，就等于节省了一个干活的人。井打成后，他告诉邻居，他家打了一口井，得到了一个人。

邻居听到后，对其他人说："啊呀呀，不得了啦，丁家打井得了一个人呢。"于是这个消息一传十，十传百，很快就传到宋国国君那里。

国君派人找到丁家的人来，好奇地问："听说你家打井得到一个人？"

丁家人解释说："我家打了一口井，就不用再请人外出挑水了，就相当于得到一个劳力，并不是从井里挖出一个人来呀。"

于是宋国国君哈哈大笑起来。

这就是穿井得一人的故事。

后用"穿井"比喻道听途说，以讹（é）传讹。

三十二

交通工具水上行

chuán

船

基本汉字中的第32个字

船 船 船

篆书 隶书 楷书

“黑云翻墨未遮山，白雨跳珠乱入船”（宋·苏轼《六月二十七日望湖楼醉书》），诗人形象逼真描绘写了他在西湖望湖楼上饮酒大醉时，瓢泼大雨从天而降的场面，其中的**船**是一个形声字，读作 chuán。本义是水上的运输工具，如木船、游船、船到江心补漏迟。“船头上跑马——走投无路”是一句歇后语，说的是船头狭窄，在上面跑马，最后的结果就是走投无路，跑不开。“野径云俱黑，江船火独明”（唐·杜甫《春夜喜雨》），“窗含西岭千秋雪，门泊东吴万里船”（唐·杜甫《绝句》），以上诗句中的“船”用的都是本义。

枫桥夜泊

［唐］张继

月落乌啼霜满天，江枫渔火对愁眠。

姑苏城外寒山寺，夜半钟声到客**船**。

【译文】明月西斜，乌鸦哀啼，阴冷的寒气充满天地之间，我望着江边的枫树和江上的渔火，怀着无限忧愁入眠。寒山寺孤寂地坐落在姑苏山上，半夜时分那沉闷的钟声飘到了客船上。

【鉴赏】诗人通过描述夜宿客船的旅人对江南地区深秋夜色的感受，将残月、寒鸦、江枫、渔火、钟声、客船等组成一幅有声有色的秋江夜泊图，表达了诗人旅途中的忧愁和孤寂。寒山寺也因这首诗而名扬天下。

前两句诗人从夜深不眠下笔。半夜时分，月亮已经沉落，不时听到几声乌鸦的啼叫，诗人感到茫茫夜色中似乎笼罩了一层白霜。江中的渔火闪闪烁烁，和诗人互相传递着愁思，相对无眠。通过句中的月、乌、霜、枫、火，表现了诗人旅途中的寂寞和孤独，读者似乎看到了诗人正躺在船上思念着自己的故乡。

前两句写的是诗人看到的，后两句写的是诗人听到的。正当诗人不能入睡时，寒山寺悠远的钟声传来，半夜未眠的诗人更增加了几分愁绪。“夜半钟声”不但衬托出夜的幽静，而且揭示了夜的孤寂。诗人把寒山寺的钟声融于枫桥夜景中，全诗有声有色，有情有景，情景交融，使读者对诗人的心境感同身受。

博士喵
赏古诗

船在古代称作舟，一般用木头制成。现在船的使用率比较高，可以引申指空间的交通工具，如太空船、宇宙飞船等。

说一说加拼音成语的意思。

水涨船高（shuǐ zhǎng chuán gāo）[1]→高山流水→水天一色→色艺无双→双喜临门→门当户对（mén dāng hù duì）[2]→对症下药（duì zhèng xià yào）[3]→药到病除→除旧布新→新仇旧恨→恨之入骨（hèn zhī rù gǔ）[4]→骨肉分离→离心离德→德高望重（dé gāo wàng zhòng）[5]

1. 水位上涨，船身即随之升高。
2. 指联姻双方家庭的社会地位和经济状况相当。
3. 针对病根下药。比喻针对具体情况，采取有效措施。
4. 恨到骨子里去了。形容极端痛恨。
5. 道德高尚，声望很高。

“小木船和大轮船”是一则寓言故事。说的是一只小木船在海面上航行，一艘大轮船“突突突”地从后面追了上来。

大轮船骄傲地对小木船说：“小木船，你追我呀！”

小木船不紧不慢地说：“大轮船，我好羡慕你呀！”

“你跑得这么慢，猴年马月才能到达港湾呀！”

大轮船“突突突”地从小船身边驶过，它拍起的浪涛差一点把小木船掀翻。

大轮船很快来到港湾的入口处，可是港湾的水太浅了，它只能等到晚上涨潮的时候才能进港。

过了好久好久，小木船才驶到港湾入口处，见到大轮船，疑惑地问：“大家伙，你怎么不进港呀？”

大轮船沮丧地说：“港湾的水太浅了，我进不去呀。”

小木船很有礼貌地说：“我身子小，可以进港的。再见了！”

大轮船不由得羞愧地低下了头。

三十三

屋顶上面开洞口

基本汉字中的第 33 个字

北朝民歌《木兰诗》说的是巾帼英雄花木兰代父从军的故事，“当窗理云鬓，对镜帖花黄”中的窗是一个象形字，读作 chuāng。古文和小篆像天窗的形状，里面直的或者弯曲、交叉的线条就像天窗的格子（窗棂）一样。小篆的异体字增加了一个“穴（）”字，更加形象地表明了窗与居住的地方有关。这样一来，窗字就变成了一个形声字。本义指开在屋顶上用来透气、通光的天窗。

在古代汉语中，表示窗的字比较多，窗指的是开在屋顶上的窗子，牖指的是开在墙壁上的窗子，向指的是朝北的窗子。

后来窗的使用范围不断扩大，不仅包括“牖”和“向”，而且泛指房屋、车船、飞机等上面的用来透光通气的装置，如车窗、舷窗。“打开天窗——说亮话”是一句歇后语，比喻说话直来直去，不藏着掖着。这里的天窗指的就是开在房屋顶上用来透光的窗户。“鸟向檐上飞，云从窗里出”（南朝梁·吴均《山中杂诗》），“来日绮窗前，寒梅著花未？”（唐·王维《杂诗》），“窗前三更雨，灯前万里心”（唐·崔致远《秋夜雨中》），以上诗句中的“窗”都当窗户讲。

绝 句

［唐］杜甫

两个黄鹂鸣翠柳，一行白鹭上青天。

窗含西岭千秋雪，门泊东吴万里船。

【作者】杜甫，字子美，自号少陵野老，唐代伟大的现实主义诗人。他生活在唐王朝由盛转衰的时代，他的诗歌创作真实地反映了当时的时代面貌。他的诗风沉郁顿挫，格律严谨而富于变化，是唐代诗歌艺术的集大成者，后世尊他为“诗圣”，称其诗为“诗史”。

【译文】两只黄鹂（lí）鸟站在青翠的柳树枝头上鸣叫个不停，一行（háng）白鹭（lù）展翅飞翔在天空中。西岭峰顶千年不化的积雪映照在窗户上，门外停泊着不远万里前来的东吴客船。

【赏析】这是一首描写早春景象的七言绝句。诗人写这首诗时，虽然客居成都，但是生活比较安定，心情也比较舒畅，所以整首诗形象鲜明，清新美丽，充满了喜悦之情。

前两句展现了一幅早春的图景：草堂外，两只黄鹂在翠绿的柳枝间欢唱，一行白鹭在高高的蓝天上飞翔。画面有声有色，有动有静，呈现出一派愉悦景象，充满了无限的生机。黄鹂、翠柳、白鹭、青天构成了一幅色彩鲜明的风景画，显得生动而脱俗。后两句描写了诗人在草堂的窗前向外眺望，看到西岭上长年不化的积雪；向门外看去，门前停靠着从遥远的东吴驶来的船只。这里的“含”字用得非常巧妙，因为作者隔窗向外张望，绵延的远山像是镶嵌在窗户中的图画，因而仿佛是窗户包含着窗外的景色。

把○中的字填上，并说一说加拼音词的意思。

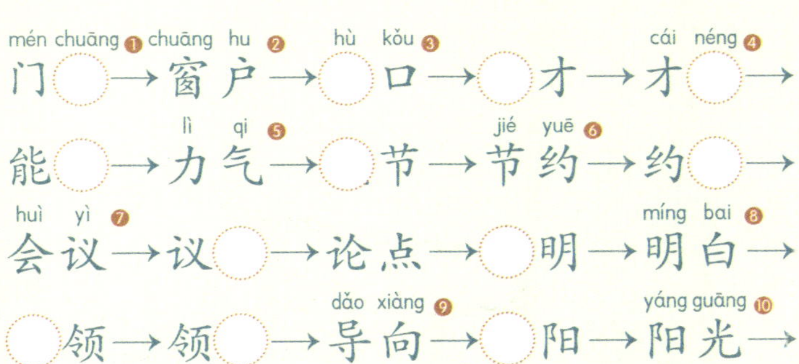

门○（mén chuāng ❶）→窗户（chuāng hu ❷）→○口（hù kǒu ❸）→○才→才○（cái néng ❹）→

能○→力气（lì qi ❺）→○节→节约（jié yuē ❻）→约○→

会议（huì yì ❼）→议○→论点→○明→明白（míng bai ❽）→

○领→领○→导向（dǎo xiàng ❾）→○阳→阳光（yáng guāng ❿）→

❶ 门和窗户。
❷ 墙壁上通气透光的装置。
❸ 住户和人口。
❹ 知识和能力。
❺ 肌肉产生的效能。
❻ 节省。
❼ 有组织有领导地商议事情的集会。
❽ 内容、意思等使人容易了解。
❾ 指导行动或发展方向。
❿ 太阳发出的光。

答案：窗、户、口、能、力、气、会、论、点、白、导、向

这是博士喵的家（）。他家旁边有一块菜（）田（），菜田的门（）开着。他家房子的小户（）关（）着。屋顶铺着一层厚厚的茅草（），上面开了一个天窗（）。

汉字画

博士喵的家

“东窗事发”说的是南宋奸臣秦桧（huì）的故事。

秦桧蓄意谋害岳飞，他同妻子王氏在东窗下商议杀掉岳飞。后来，秦桧在西湖游玩，在船中睡着的时候梦到一个人披头散发大声斥责他：“你祸国殃民，我已经告诉了上天，上天马上就要派兵来捉你！”秦桧回到家中，没过多久就死了。秦桧的儿子秦熺（xī）很快也死了。于是王氏摆设神案，请道士做法驱魔。道士呈表上天，迷迷糊糊中看到秦熺戴着枷锁，于是就问他太师在哪里？秦熺答道：“他在鬼城酆（fēng）都。”道士来到酆都，看到秦桧戴着铁枷，受着酷刑。秦桧对道士说：“拜托你告诉夫人，东窗密谋杀害岳飞的事情暴露了。”

后用“东窗事发”指阴谋败露或秘密被发觉。

三十四

木制家具可坐卧

chuáng

基本汉字中的第 34 个字

甲骨文　　篆书　　隶书　　楷书

“床前明月光”中的**床**，读作 chuáng，繁体写作牀。甲骨文像一张竖立起来的床，床腿向左，床面向右。它的本义指供人坐卧使用的器具。北魏郦（lì）道元《水经注》里记载：“井旁有一石床，才容一人坐。”说的是井旁边有一张石床，只能容得下一个人坐。由此判断，这里的石床并不是我们现在说的用来睡觉的床。

床引申为量词，用于某些床上的用品，如一床被子、两床褥子。也可以比喻像床一样的器具，如河床、机床、车床。以后才专门用作睡觉的器具，如床铺、木床、铁床、“床头一壶酒，能更几回眠？”（唐·高适《醉后赠张九旭》）。

静夜思

［唐］李白

床前明月光，疑是地上霜。
举头望明月，低头思故乡。

【译文】皎（jiǎo）洁的月光倾泻在床前的地上，好像结了一层白色的秋霜似的。我抬头望见一轮明月高挂在空中，低头思念远方的故乡。

【赏析】这首诗是诗人李白客居在扬州旅社时所写的一首诗。这首在寂静的月夜思念家乡的小诗，语言直白，清新朴素，没有华丽的辞藻，也没有奇特的想象，却意味深长，让人回味无穷。

第一句写透过窗户的皎洁月光照射在床前，看似写景，实则景中含情，蕴含了李白客居他乡、思念家乡的心情。第二句紧接上句，朦胧中诗人乍一看，那白净的月光，让人还以为地上铺上了一层秋霜，定神再看，原来是不露痕迹的月色。

后两句由写景转到写人。诗人抬头凝望，秋夜的天空幽暗深远，秋月洒下一片清辉；诗人不禁想到，家乡也在这一轮明月的照耀下，于是慢慢低下头陷入了思念。从“疑”到“举头”，从“举头”到“低头”，形象地刻画出诗人的心理变化，勾勒出一幅生动的月夜思乡图。

博士喵赏古诗

古代的床与现在的床有所区别：古代的床较高较宽，周围有用纱或布做的帷幔（màn）。

说一说加拼音成语的意思。

同床异梦（tóng chuáng yì mèng）❶→梦寐以求→求同存异→异想天开（yì xiǎng tiān kāi）❷→开天辟地（kāi tiān pì dì）❸→地久天长→长生不老→老气横秋→秋去冬来→来去分明→明目张胆（míng mù zhāng dǎn）❹→胆大包天（dǎn dà bāo tiān）❺→天南海北（tiān nán hǎi běi）❻→北门之叹

❶ 睡在同一张床上，却做着不同的梦。比喻生活在一起或一起工作的人心思不一致，各有各的打算。
❷ 形容想法非常奇特，多指不能实现的。
❸ 指宇宙开始或有史以来。
❹ 原指有胆识，敢作敢为。后指公开地毫无顾忌地干坏事。
❺ 形容胆子非常大，敢于胡作非为。
❻ 指相隔很远的不同地区。形容相距遥远。

“东床快婿”说的是东晋书法家王羲（xī）之的故事。王羲之的伯父王导是东晋丞相。太傅郗（xī）鉴听说王氏子弟个个都是青年才俊，于是派门生拿着喜帖前去丞相家中，想要在他的子侄中挑选一名女婿。王导让门生自己去东厢房随便挑选。郗鉴的门生回来向郗鉴报告说：“王家的公子个个英俊潇洒。他们听说前来选婿，其他人仔细修饰打扮了一番，正襟危坐；只有一个年轻人，袒露着肚皮躺在东床上，好像什么都没有听见一样。”郗鉴一听，说道：“这正是我要找的女婿！”

后用“东床快婿”指称（chèn）心如意的女婿。

三十五

日暖草长的季节

chūn

基本汉字中的第 35 个字

甲骨文　金文　篆书　隶书　楷书

唐代白居易的《赋得古原草送别》是一首著名的五言律诗，“野火烧不尽，春风吹又生”中的**春**读作 chūn。甲骨文、金文和小篆的字形由“日”“屮”（chè，草木刚长出）或“艸（cǎo，同草）”或“茻（mǎng，众多的草）”“林”及“屯（zhūn，像小草初生的样子）”组成，表现出春天阳光明媚、草木萌发、欣欣向荣的景象。本义指春天。如春风、春雨。“春华秋实”说明了一种自然规律，植物春天开花，秋天结果。“春天的蜜蜂——闲不住”是一句歇后语，春暖花开，蜜蜂到处在忙着采蜜。这句歇后语告诫人们要抓住春天的大好时光，认真学习和工作。“春色满园关不住，一枝红杏出墙来”（宋·叶绍翁《游园不值》），诗人用优美的语言表现了春天万紫千红的美丽景色。

春晓

［唐］孟浩然

春眠不觉晓，处处闻啼鸟。
夜来风雨声，花落知多少。

【译文】春天的夜晚（我）睡得香甜，不知不觉天已经亮了，只听见外面传来鸟儿的鸣叫声。忽然想起昨天晚上那场风雨，不知道庭院中的花儿凋（diāo）谢了多少。

春天是充满生机的季节，所以春也可以用来指生机、生长，如大地回春、妙手回春。“沉舟侧畔千帆过，病树前头万木春”（唐·刘禹锡《酬乐天扬州初逢席上见赠》），诗人用形象的语言，说明了一个哲理：新生事物必然代替旧事物。

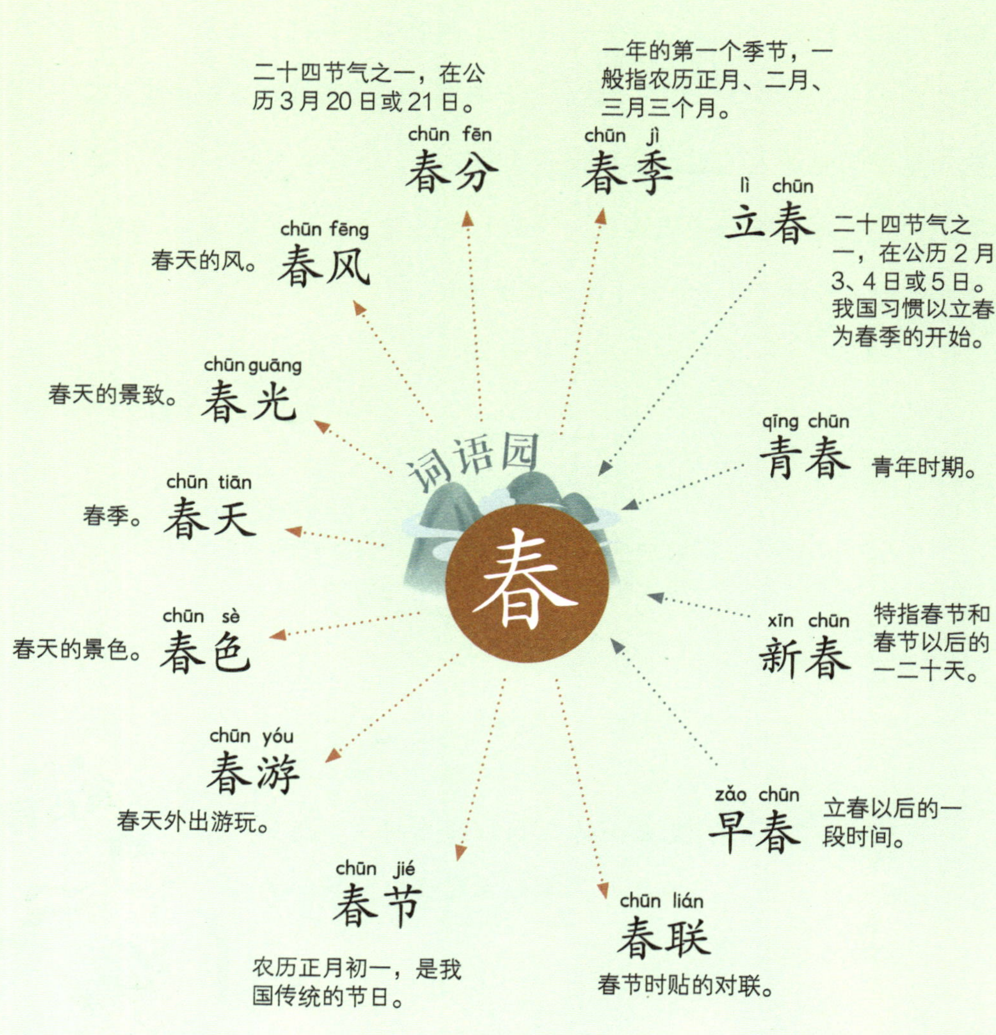

“有脚阳春”说的是唐朝宰相宋璟（jǐng）的典故。

宋璟和姚崇同心协力，辅佐唐玄宗开创了开元盛世，与房玄龄、杜如晦、姚崇一起被称为唐朝四大贤相。唐中宗时，宋璟因直言劝谏触怒了唐中宗，被贬为刺史。他到地方上任后，廉洁奉公，为老百姓办了不少好事，使得当地的民风复归淳朴，家家安居乐业。在广州任上，宋璟看到当地百姓用茅草和竹子搭建房子，这样容易引发火灾，于是便教大家用砖头和石块建造房屋。因为宋璟爱护百姓，得到百姓的称赞和拥护，当时人们称他为“有脚阳春”，意思是像长了脚的艳阳春天，走到哪里，就把光明和温暖带到哪里。

三十六

跪着不前排第二

cì

次

基本汉字中的第 36 个字

甲骨文 金文 篆书 隶书 楷书

次是一个会意字，读作 cì。甲骨文 、金文 由“欠”和“二（ ）”组成，“欠（ ）”像一个人跪在地上一动不动的样子，“二”表示序数词第二，两者合起来表示某物在前一项的后面，即第二，位居其次，如次日（第二天）。“菊花先爱黄，次乃及红白”（明末清初·屈大均《从石涛禅师乞花插瓶》），说的是黄色的菊花先开放，然后才轮到红色的和白色的。

次也可以用作形容词，意思是次等的、质量较差的，如次品、以次充好。

把○中的字填上，并说一说加拼音词的意思。

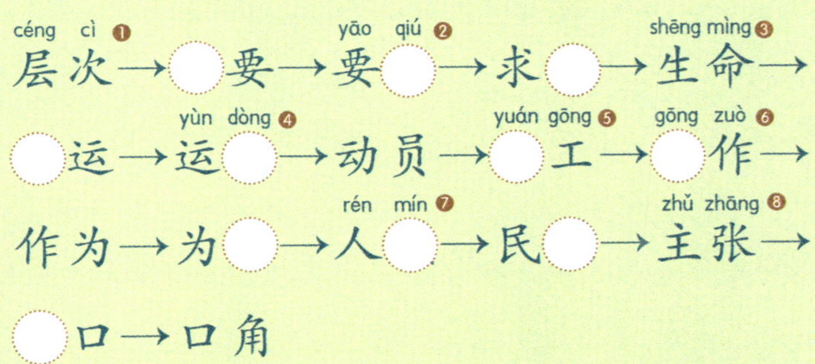

❶ （说话、作文）内容的次序。
❷ 提出具体愿望或条件，希望得到满足或实现。
❸ 生物体所具有的活动能力；性命。
❹ 从事体育活动。
❺ 职员和工人。
❻ 指从事体力或脑力劳动。
❼ 以劳动群众为主体的社会基本成员。
❽ 对于如何行动所持有的见解。

答案：次、求、生、命、动、员、工、人、民、主、张

杜牧是晚唐著名的现实主义诗人，他一生写了许多脍（kuài）炙人口的诗句。有一次，杜牧游览骊（lí）山。他站在山上，面对昔日的景色，不由得想到“安史之乱”时，杨玉环被玄宗赐死的惨状。如今物是人非，不由得大发感慨，写下了著名的讽喻诗《过华清宫绝句》：“长安回望绣成堆，山顶天门次第开。一骑红尘妃子笑，无人知是荔枝来。”

诗人开门见山，首句写自己站在骊山之巅，回头遥望长安，只见骊山行（xíng）宫宫殿林立，景色美不胜收。接着，诗人写了华清宫的宫门“次第开”，这里的“次第”是按照顺序的意思。接下来诗人描写了宫内和宫外的两个场面：宫外是一匹风驰电掣（chè）般奔跑的驿（yì）马，宫内是嫣（yān）然而笑的妃子。看似毫不相干的两件事情，诗人却通过荔枝把他们联系起来。

因为杨贵妃喜欢吃荔枝，驿马才千里迢迢，日夜兼程，把荔枝从南方运到华清池来。诗人以此揭露了统治者骄奢淫逸的腐朽生活，抨击了那些不惜民力、劳民伤财的行为。

三十七

一人跟在一人后

cóng

从

基本汉字中的第 37 个字

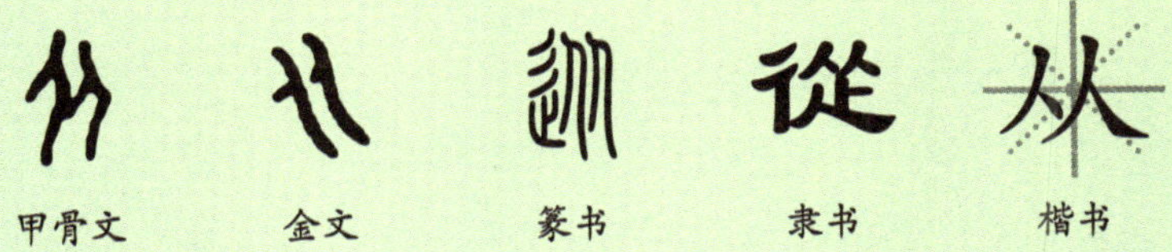

甲骨文　金文　篆书　隶书　楷书

唐代诗人贺知章的《回乡偶书》抒发了诗人久居他乡的伤感以及回到阔别多年的故乡后的亲切感，“儿童相见不相识，笑问客从何处来”中的“从”的繁体写作“從”，简化字从是一个会意字，读作 cóng，由两个人组成，一个在前一个在后，本义是二人跟随而行。后来意义的范围扩大，不仅仅指人跟随。“一狼得骨止，一狼仍从”（清·蒲松龄《聊斋志异·狼三则》）中，从指的是动物狼跟随而行。

从本义二人跟随而行中可以引申为依从、顺从，如盲从、听从党的指挥。“老妪（yù）力虽衰，请从吏夜归，犹得备晨炊”（唐·杜甫《石壕吏》），意思是说，我家里没有人可以当兵了，虽然我年老力衰，但是请让我跟随长官去服役，我还可以给你们做饭。其中的“从”是跟随的意思。

满江红·和（hè）郭沫若同志（节选）

毛泽东

多少事，从来急；天地转，光阴迫。

一万年太久，只争朝夕。

博士喵赏古诗

【译文】天下的事情，从来都是那样的急切；天地轮回，光阴飞逝。要等一万年后才能等来胜利，实在是太久了，我们一定要抓紧时间，（为了早日实现理想）只争朝夕。

从用于按时间、某人算起中，有由、自的意思，如从我做起、从今天开始。“鸟向檐上飞，云从窗里出”（南朝梁·吴均《山中杂诗》），描写了山中优美、静谧（mì）的景色，表现了诗人崇尚自然、对大自然的热爱之情。“即从巴峡穿巫峡，便下襄阳向洛阳”（唐·杜甫《闻官军收河南河北》），生动地描绘了诗人听到唐军消灭叛军后欣喜若狂的心情，这里，诗人运用“从”字表现了舟行如飞、快速穿越巴峡、巫峡的情况。

说一说加拼音成语的意思。

力(lì)不(bù)从(cóng)心(xīn)❶→心想事成→成功在望→望(wàng)子(zǐ)成(chéng)龙(lóng)❷→龙(lóng)争(zhēng)虎(hǔ)斗(dòu)❸→斗转星移→移山填海→海(hǎi)底(dǐ)捞(lāo)月(yuè)❹→月(yuè)白(bái)风(fēng)清(qīng)❺→清风亮节→节(jié)衣(yī)缩(suō)食(shí)❻→食不甘味

❶ 想做某事而能力或力量达不到。
❷ 盼望子女能成为出类拔萃（cuì）的杰出人物。
❸ 比喻斗争或竞赛十分紧张激烈。
❹ 到海底去捞取月亮。比喻徒劳无益，根本达不到目的。
❺ 月色皎（jiǎo）洁，微风清凉。形容月夜明亮清幽。
❻ 指在生活上省吃俭用，力求节约。

“从容”是一个典故，与庄子有关。

有一次，他和好朋友惠施从濠（háo）水（在今安徽省）的一座桥上走过，一条条鱼儿在水里自由自在地游来游去。庄子高兴地说：“鱼儿在水里不慌不忙地游来游去，多么快乐啊。”

惠施反驳他说：“你又不是鱼，怎么知道鱼儿很快乐呢？”

庄子回答道：“你又不是我，怎么知道我不知道鱼儿的快乐呢？”

惠施还是不依不饶，说：“我当然不是你，但你也不是鱼儿呀，你怎么知道鱼儿快乐不快乐呢？”

庄子耐心地对惠施解释说：“刚才你问我怎么知道鱼的快乐，可见你已经知道我是晓得鱼的快乐的。”

惠施否定说：“我不知道你晓得鱼的快乐。”

庄子说：“至于我为什么会知道鱼儿快乐，那是因为我看见鱼在水中游来游去，从从容容的样子，所以我觉得鱼儿很快乐。”

后用“从容”指不慌不忙，沉着（zhuó）镇静。